海上絲綢之路基本文獻叢書

大元海運記
西使記

〔元〕趙世延 纂修／〔元〕劉郁 撰

文物出版社

圖書在版編目（CIP）數據

大元海運記 /（元）趙世延纂修. 西使記 /（元）劉郁撰. -- 北京 : 文物出版社, 2022.7
（海上絲綢之路基本文獻叢書）
ISBN 978-7-5010-7597-3

Ⅰ. ①大… ②西… Ⅱ. ①趙… ②劉… Ⅲ. ①海上運輸－交通運輸史－史料－中國－元代②西域－歷史地理－研究－元代 Ⅳ. ① F552.9 ② K928.647

中國版本圖書館 CIP 數據核字 (2022) 第 086706 號

海上絲綢之路基本文獻叢書

大元海運記・西使記

撰　　者：〔元〕趙世延　〔元〕劉郁
策　　劃：盛世博閱（北京）文化有限責任公司

封面設計：鞏榮彪
責任編輯：劉永海
責任印製：蘇　林

出版發行：文物出版社
社　　址：北京市東城區東直門内北小街 2 號樓
郵　　編：100007
網　　址：http://www.wenwu.com
經　　銷：新華書店
印　　刷：北京旺都印務有限公司
開　　本：787mm×1092mm　1/16
印　　張：11.375
版　　次：2022 年 7 月第 1 版
印　　次：2022 年 7 月第 1 次印刷
書　　號：ISBN 978-7-5010-7597-3
定　　價：90.00 圓

總緒

海上絲綢之路，一般意義上是指從秦漢至鴉片戰争前中國與世界進行政治、經濟、文化交流的海上通道，主要分爲經由黄海、東海的海路最終抵達日本列島及朝鮮半島的東海航綫和以徐聞、合浦、廣州、泉州爲起點通往東南亞及印度洋地區的南海航綫。

在中國古代文獻中，最早、最詳細記載『海上絲綢之路』航綫的是東漢班固的《漢書·地理志》，詳細記載了西漢黄門譯長率領應募者入海『齎黄金雜繒而往』之事，書中所出現的地理記載與東南亞地區相關，并與實際的地理狀况基本相符。

東漢後，中國進入魏晉南北朝長達三百多年的分裂割據時期，絲路上的交往也走向低谷。這一時期的絲路交往，以法顯的西行最爲著名。法顯作爲從陸路西行到印度，再由海路回國的第一人，根據親身經歷所寫的《佛國記》（又稱《法顯傳》）一書，詳細介紹了古代中亞和印度、巴基斯坦、斯里蘭卡等地的歷史及風土人情，是瞭解和研究海陸絲綢之路的珍貴歷史資料。

隨着隋唐的統一，中國經濟重心的南移，中國與西方交通以海路爲主，海上絲綢之路進入大發展時期。廣州成爲唐朝最大的海外貿易中心，朝廷設立市舶司，專門管理海外貿易。唐代著名的地理學家賈耽（七三〇～八〇五年）的《皇華四達記》記載了從廣州通往阿拉伯地區的海上交通『廣州通夷道』，詳述了從廣州港出發，經越南、馬來半島、蘇門答臘半島至印度、錫蘭，直至波斯灣沿岸各國的航綫及沿途地區的方位、名稱、島礁、山川、民俗等。譯經大師義浄西行求法，將沿途見聞寫成著作《大唐西域求法高僧傳》，詳細記載了海上絲綢之路的發展變化，是我們瞭解絲綢之路不可多得的第一手資料。

宋代的造船技術和航海技術顯著提高，指南針廣泛應用於航海，中國商船的遠航能力大大提升。北宋徐兢的《宣和奉使高麗圖經》詳細記述了船舶製造、海洋地理和往來航綫，是研究宋代海外交通史、中朝友好關係史、中朝經濟文化交流史的重要文獻。南宋趙汝適《諸蕃志》記載，南海有五十三個國家和地區與南宋通商貿易，形成了通往日本、高麗、東南亞、印度、波斯、阿拉伯等地的『海上絲綢之路』。宋代爲了加强商貿往來，於北宋神宗元豐三年（一〇八〇年）頒佈了中國歷史上第一部海洋貿易管理條例《廣州市舶條法》，并稱爲宋代貿易管理的制度範本。

元朝在經濟上採用重商主義政策，鼓勵海外貿易，中國與歐洲的聯繫與交往非常頻繁，其中馬可・波羅、伊本・白圖泰等歐洲旅行家來到中國，留下了大量的旅行記，記録元代海上絲綢之路的盛況。元代的汪大淵兩次出海，撰寫出《島夷志略》一書，記録了二百多個國名和地名，其中不少首次見於中國著録，涉及的地理範圍東至菲律賓群島，西至非洲。這些都反映了元朝時中西經濟文化交流的豐富内容。

明、清政府先後多次實施海禁政策，海上絲綢之路的貿易逐漸衰落。但是從明永樂三年至明宣德八年的二十八年裏，鄭和率船隊七下西洋，先後到達的國家多達三十多個，在進行經貿交流的同時，也極大地促進了中外文化的交流，這些都詳見於《西洋蕃國志》《星槎勝覽》《瀛涯勝覽》等典籍中。

關於海上絲綢之路的文獻記述，除上述官員、學者、求法或傳教高僧以及旅行者的著作外，自《漢書》之後，歷代正史大都列有《地理志》《四夷傳》《西域傳》《外國傳》《蠻夷傳》《屬國傳》等篇章，加上唐宋以來衆多的典制類文獻、地方史志文獻，集中反映了歷代王朝對於周邊部族、政權以及西方世界的認識，都是關於海上絲綢之路的原始史料性文獻。

海上絲綢之路概念的形成，經歷了一個演變的過程。十九世紀七十年代德國地理學家費迪南·馮·李希霍芬（Ferdinad Von Richthofen，一八三三～一九〇五），在其《中國：親身旅行和研究成果》第三卷中首次把輸出中國絲綢的東西陸路稱爲『絲綢之路』。有『歐洲漢學泰斗』之稱的法國漢學家沙畹（Édouard Chavannes，一八六五～一九一八），在其一九〇三年著作的《西突厥史料》中提出『絲路有海陸兩道』，蘊涵了海上絲綢之路最初提法。迄今發現最早正式提出『海上絲綢之路』一詞的是日本考古學家三杉隆敏，他在一九六七年出版《中國瓷器之旅：探索海上的絲綢之路》中首次使用『海上絲綢之路』一詞；一九七九年三杉隆敏又出版了《海上絲綢之路》一書，其立意和出發點局限在東西方之間的陶瓷貿易與交流史。

二十世紀八十年代以來，在海外交通史研究中，『海上絲綢之路』一詞逐漸成爲中外學術界廣泛接受的概念。根據姚楠等人研究，饒宗頤先生是華人中最早提出『海上絲綢之路』的人，他的《海道之絲路與昆侖舶》正式提出『海上絲路』的稱謂。選堂先生評價海上絲綢之路是外交、貿易和文化交流作用的通道。此後，大陸學者馮蔚然在一九七八年編寫的《航運史話》中，使用『海上絲綢之路』一詞，這是迄今學界查到的中國大陸最早使用『海上絲綢之路』的人，更多地限於航海活動領域的考察。一九八〇年北京大學陳炎教授提出『海上絲綢之路』研究，并於一九八一年發表《略論海上絲綢之路》一文。他對海上絲綢之路的理解超越以往，且帶有濃厚的愛國主義思想。陳炎教授之後，從事研究海上絲綢之路的學者越來越多，尤其沿海港口城市向聯合國申請海上絲綢之路非物質文化遺産活動，將海上絲綢之路研究推向新高潮。另外，國家把建設『絲綢之路經濟帶』和『二十一世紀海上絲綢之路』作爲對外發展方針，將這一學術課題提升爲國家願景的高度，使海上絲綢之路形成超越學術進入政經層面的熱潮。

與海上絲綢之路學的萬千氣象相對應，海上絲綢之路文獻的整理工作仍顯滯後，遠遠跟不上突飛猛進的研究進展。二〇一八年厦門大學、中山大學等單位聯合發起『海上絲綢之路文獻集成』專案，尚在醖釀當中。我們不揣淺陋，深入調查，廣泛搜集，將有關海上絲綢之路的原始史料文獻和研究文獻，分爲風俗物産、雜史筆記、海防海事、典章檔案等六個類别，彙編成《海上絲綢之路歷史文化叢書》，於二〇二〇年影印出版。此輯面市以來，深受各大圖書館及相關研究者好評。爲讓更多的讀者親近古籍文獻，我們遴選出前編中的菁華，彙編成《海上絲綢之路基本文獻叢書》，以單行本影印出版，以饗讀者，以期爲讀者展現出一幅幅中外經濟文化交流的精美畫卷，爲海上絲綢之路的研究提供歷史借鑒，爲『二十一世紀海上絲綢之路』倡議構想的實踐做好歷史的詮釋和注脚，從而達到『以史爲鑒』『古爲今用』的目的。

凡例

一、本編注重史料的珍稀性，從《海上絲綢之路歷史文化叢書》中遴選出菁華，擬出版百册單行本。

二、本編所選之文獻，其編纂的年代下限至一九四九年。

三、本編排序無嚴格定式，所選之文獻篇幅以二百餘頁爲宜，以便讀者閱讀使用。

四、本編所選文獻，每種前皆注明版本、著者。

五、本編文獻皆爲影印，原始文本掃描之後經過修復處理，仍存原式，少數文獻由於原始底本欠佳，略有模糊之處，不影響閱讀使用。

六、本編原始底本非一時一地之出版物，原書裝幀、開本多有不同，本書彙編之後，統一爲十六開右翻本。

目録

大元海運記

大元海運記

二卷

〔元〕趙世延　揭傒斯　纂修

〔清〕胡敬　輯

清抄本

大元海運記

大元海運記二卷胡書農學士輯自永樂大典事蕡引經

世大典之海運一門也按[redacted]天歷

二年九月敕翰林國史院官同奎章閣學士采輯本朝

典故準唐宋會要著為經世大典今已佚僅散見永樂

大典中[redacted]元史食貨志依據經世大典為目十有九是編

上卷分年紀事多錄案牘之文自至元十九年迄皇慶

二年止不[redacted]年延祐至泰定天歷間事何以不載下卷

分類紀事曰歲運糧數曰收江南糧斛耗則例曰南北

倉斛耗則例曰再定南北糧斛耗則例曰排年海運水

腳價鈔曰漕運水程曰記標指淺曰測候潮汛應驗曰

下双行夹注

艘數最由海運爲有元一朝規制初則江浙以外兼之江西湖廣大德以後專運江浙春夏兩運自四萬六千餘石增至三百餘萬石考元時江浙省財賦居歲入四百四十九萬四千七百八十三石則江浙全漕亦不盡充海運耳[redacted]按元史百官志海運千戶凡五所平江又有鎮來所是編載千戶初設十有後併爲七當有松江嘉定所志文遺漏世祖本紀至元二十七年四月書罷海道運糧萬戶府是編載二十八年罷行泉府司所轄海運糧二萬戶併設二處先是二十

四年立行泉府司增置萬戶府二至是羅之紀不書明
交似全羅矣且相差一年又不紀至元十年十二月以
海道運糧討使朱清為中萬戶賜虎符張瑄子文[redacted]虎為
千戶賜金符是編[redacted]先載朱清為中萬戶張瑄為千戶後書張瑄請[illegible]而不載其名以後虞為千戶換金牌
于張瑄之男為張文虎而無張文虎之本紀至大三年
十二月以朱清子虎張瑄子文龍往治海漕以所[illegible]虎
一歷田一頃給之是編未載及當至元二十四年時有
張文龍朱虎向富之名朱清張瑄元史無傳按朱清[redacted]崇
明人張瑄嘉定人少[redacted]曾為鹽販既致位通顯富厥皆累大
貲廣養佩虎符金銀符者[illegible]數田園館舍編卓奧一時貴

臧人莫與比大德七年樞密臣事言曹拾得江南僧石
祖楫之皆遠獄論死叙行海運之功自不可沒其事蹟
詳見[redacted]元史類編及瓜縣舊志文衡瑄中大經
管軍總把擢至江浙參政其事蹟詳見王梅溪集又本
紀至元十九年實朱雲龍漕運功授又忠翊押是編載
三十年以來實龍授明威將軍海道運都漕運萬戶是否
一人候考歲運糧數自至元二十年迄天曆二年凡四
十七年全采入倉貨志[redacted]但不載斗斛以下數及事故
糧數其皇慶二年運到之數是編六十五萬四千三十
六石一斛五合倉貨志云二百一十五萬八十六石八

十五石八斗事故粮數之倉貨志之數為是是編又有運
到事故粮數不符及無倉貨志小有不符之處必為是
論傳篤之語參以元史類編悉為校正故至元二十年事粮數應增三
千至元二十三年誤運糧數三十石三為二之誤元史
類編運到糧數五石作五十石誤大德之年
事故糧數五斗八斗為卅之誤大德十一年誤運糧數八
斗五卅五合三勺運到糧一斗七卅八勺事故糧數六斗
七卅七合五勺必有一誤至大三年事故糧數三合四
勺作四合元史類編誤運糧數三石作二石誤至
大四年運到糧數一百一卷二之誤延祐之年運到糧
五十五卷四之誤事故糧數一萬一卷二之誤延祐六
事故糧數九十一石應作六十七石餘貨志運到糧數
脫去七百延祐七年事故糧數四卅八勺應作五合至
二年誤運糧數倉貨志不載柴炭附餘香白糯米數泰
定二年事故糧數七斗五卅應作一斗六卅六合倉貨
志運到糧數每年誤運糧數係于定額運事故糧內例
脫去七百

數字很

應備獲者入下第補解之數惟天歷二年已運到粮有
三百三十四萬餘石事故粮欠有一十八萬餘石本紀
是年九月書海運粮至京師凡一百四十萬九千一百
二十石紀志岐異虞道園學古錄集中亦云是年不至
者蓋七十萬不[redacted]解何以不相符合[redacted]猶未參考耳
海運紀原七卷惜其書不得見棄韓存是編[redacted]俾傳抄行
世尚可參攷而得其崖略云爾咸豐壬子五月十有一
日羅以智鏡泉氏跋于怙養齋

[illegible]

大元海運記卷之上

永樂大典傳録

惟我世祖皇帝至元十二年既平宋始運江南粮以河運弗便至元十九年用丞相伯顔言初通海道漕運抵直沽以達京城立運粮萬户府三以南人朱清張瑄羅璧爲之初歲運四萬餘石後累增及二百萬石今增至三百餘萬石然春夏分二運至舟行風信有時自浙西不旬日而達於京師内外官府大小史士至于細民無不仰給於此於戲世祖之德淮安王

之初功逮今五十餘年裕民之澤曷窮極焉　世祖
皇帝至元十九年初命上海總管羅璧張瑄朱清造
海船六十艘募水工同官自海道漕運江南糧四萬
六千餘石明年三月至直沽從丞相伯顏所言也伯
顏丞相奉旨取宋既得江南而淮東之地猶為宋守
乃令張瑄朱清等自崇明州募船裝載亡宋庫藏圖
籍貨物經涉海道運入京師又命造鼓兒船運浙西
糧涉江入淮由黃河逆水至中灤旱站搬至淇門入
御河接運赴都次後嗣開濟州泗河自淮至新開河

由大清河至利津河入海接運因海口汙壅又從東
河旱站運至臨清接入御河及捌開膠萊河道通海
儹運至元十九年太傅丞相伯顏見裏河之儹運粮
斛前後勞費不貲而未見成効追思至元十二年海
中般運亡宋庫蔵圖籍物貨之道奏命江淮行省限
六十日造平底海船六十隻聽候調用於是行省委
上海總管羅璧張瑄朱清等依限打造當年八月有
旨令海道運糧至揚州羅璧等就用官船軍人仍令
有司召顧梢碇水手裝載官粮四萬六千餘石尋求

海道水路, 𠏉行海洋, 沿山求嶼, 行使為開洋, 風汛失時, 當年不能抵岸。在山東劉家島壓冬, 至二十年三月, 經由登州放萊州洋, 方到直沽。因河内淺澁, 就於直估交卸。十九年十二月, 立京畿、江淮都漕運司二。漕運江南糧, 仍各置分司, 催督綱運, 以運糧多寡為運官殿最。中書省契勘南北糧餉, 固之大計, 前雖曾儹運, 虚費財力, 終無成功。蓋措置乖方, 用人不當, 以致如是。今大都漕運司止管淇門運至通州河西務, 其中灤至淇門、通州河西務至大都陸運, 車站别設提舉司不隸漕運司管領揚州漕運司止管江南運至瓜州其瓜州至中灤水路綱運副之押運人員不隸漕運司管領南北相去數千里中間氣力斷絕不相接濟以粮道遲滯官物虧陌失悞支持所係非細比以省臣奏奉旨京畿江淮設立都漕運司二舊官盡行革去其江淮漕運司除江南運至瓜州依舊管領外將漕運司官一半於瓜州置司一半於中灤荆山上下行司專以催督綱運每歲須要運粮二百萬石到於中灤取京畿漕運司通關收附申呈揚州行

省為照京畿漕運司自中灤運至大都仍將中灤至淇門河西務至大都車站撥隸本司管領其漕運司官一半於大都置司一半於中灤淇門上下行司專以催督綱運每歲須要運粮二百萬石到都收省倉足數抄憑申呈户部為照每歲十二月終省部考較運及額數者為最不及額數者為殿當該運司官一最陞一等三歲任滿别行遷轉一殿降一等次年又殿則黜之都省移咨揚州行省欽依施行二十年六月王積翁連議開挑河道漕運江南粮右丞麥木丁

等奏王積翁言亡宋都南京時每年運粮六百萬石如今江南粮多若運至京師米價自賤以其説奏有旨命臣等議盖運粮之事惟廣輸運之途今止是中灤一處漕運儘力一年惟可運三十萬石近者阿八赤新開一河又前奏准令奥魯赤經田濟州開挑一河又黄河迤上有沁河可以開挑一河遣人相視具見畫圖今脱忽思進呈如此等河道一一成就則所運粮數自多上曰朕親圖宜如卿所奏是年八月以去歲初試海運曁諸河運總計所至者粮二十八萬

右丞相火魯火孫叅議禿魯花等奏去年伯顔魯言
海道運粮火魯火孫省官令試驗今自揚州以船一
百四十六運粮五萬石四萬六千石到已其餘六船
尚未到必是遭風來者又言此海道初行多不曉會
沿海來去行繞遼遠今海中間有經直之道乞遣人
試驗又奏阿八赤新所開河道二萬有餘粮又東平
府南奥魯赤新修河道三萬二千石粮過濟州内五
千餘石暨御河常川攢運河道粮總二十八萬石俱
已到餘粮逐次將至奏旨稱善是年十月禁運粮軍

人及綱運船户擾民不便條制中書省准御史臺呈江北淮東道提刑按察司言切見漕運司運粮軍人并綱運人户牽駕粮船於揚州淮安運河要路故意阻塞河道將脚板兩邊探出不通客旅往來閘有客船欲於粮船兩邊經過或是船梢誤衝探出脚道板或客船桅篷高低牽繩長短誤相牽挽不曾挽動分毫浮動物件運粮軍人分布用篙將客船搠打或將客船篙棹蘆篷桅繩等物搶奪但去遮護便將客人行打及於兩岸居住村坊店舍人家處取要酒食强

打猪雞但有推阻衆人便將百姓毆打百端騷擾為
此今淮安運漕分司講究得運粮軍人俱係江北西
淮撥到漢軍并新附軍人諸翼輳集撥成一運俱有
管軍千户總把把百户人員管領押運時暫漕運司
勾當并和顧運粮船户亦係諸路顧到已有差定押
綱官員但遇散軍或船户騷擾行船客旅及岸上居
民除將散軍船户對證是實取訖招伏痛行断罪外
將押運正官取勒約束不嚴招伏断罪似望易除民
害本司參詳如准淮安漕運分司所言事理禁治實

與民除害若不嚴行禁約切恐當路人民不能居止道路蕭條深爲不便除已移牒江淮都漕運司遍歷經行漕運分司去處榜諭依上禁約外本台叅詳行御史臺咨到約東運粮軍人并船户不得阻塞路道擾民事理是爲允當又據本臺呈山東東西道提刑按察司言照得本司於至元二十一年月日不等十次寧海州并淄萊路牒呈海州運粮過往行船梢水蠻軍計一十五起動經聚衆百十餘人各持兵刃刼掠良民打奪財物及將所運官粮自相般奪等事除

已行下合屬行移捉賊外本司切詳山東瀕海地面
土廣人稀地形險惡未曾收復亡宋時其瀕海去處
在前有東路蒙古漢軍都元帥也速解兒管領軍馬
行營種田并有守把海口壯丁軍人屯駐以備不虞
削平亡宋之後前項軍馬遷南即今前項海道與廻
南諸蠻相通其閩浙運貢物過往行船捎水軍人不
時聚衆下船侵害良民劫掠人口財物即便上船開
洋去訖陸路不能根捉又巡防弓兵數少難以禦備
蕪瀕海去處田野寬廣合無量移軍人置立屯田以

備不虞實為長便於至元二十一年十二月十七日本臺官大夫玉速帖木兒中丞阿剌帖木兒崔彧侍御禿剌帖木兒啟海道運粮軍人來往經過海邊郡邑居民多被騷擾令與省院官一同商量如何鎮壓從便舉行啟奉皇太子令旨允其所請送戶部就與刑部一同講究得如准臺呈似為便當所有運官押綱官用心約束軍人船戶不致擾民者緣係職分當然難議優賞外據量移軍人於瀕海去處置立屯田鎮壓事理合從樞密院定奪都省准擬移咨江淮等

處行中書省及下户部行下合屬依上禁治劉副御
史台照會訖軍般短般前来淮安路交割綱運自江
南呂城軍船運至瓜州一節令江淮都轉運使司制
無約束外據瓜州運至淮安路短般粮船係是隨路
撥到路漢軍新附軍人使駕官船往来般運今議得
自瓜州裝起重船三運兩運三四運前後相序行程
專差奏差一員乘坐站船往来催督及監視有無擾
民之事每運頭船并末尾船上各插白旗一面書寫
運官姓字庶望被擾人民易認是何運次運官既立

名旗亦慣連累知所警戒瓜州總司先取奏差人等
須管往来催督運粮疾早到来淮安不致遅滞及監
視運官約束軍人毋得阻塞河道如遇客船兩相趂
過不致阻當客旅行程及不致軍人毆打客船搶奪
諸物不得於岸上村坊店舍百姓之家取要酒食强
打猪雞毆擊良民如但有違犯軍人差来奏差親見
者奏差隨即約會運官即將擾民軍人捉拏痛行斷
訖別取運官鈐束不嚴招伏先行入遞申来淮安分
司如運官私下不伏招取仰奏差人具由申来奏差

前後催綱如不親見擾成者但有客船或到村坊店
舍須管詢問百姓如但曾擾民者奏差等抄寫百姓
某人被某軍人或奪訖物件或取訖酒食或打訖猪
雞或打傷某人即令百姓當地官司陳告申覆本管
上司移関淮安分司奏差隨時前來運官處説知挨
问擾民軍人隨時依例斷罪如運官不肯依例斷治
仰奏差一一申呈淮安分司等候糧運到来淮安隨
時挨舉除運官已將擾民軍人船户痛行斷治約束
不嚴招伏隨時依例斷治外據奏差察知或各路官

司移文前来擾民公事將擾民軍人鎖索監收迴到
擾民處所對証是實量情斷罪訖仰奏差人等備細
申覆瓜州總司等候把總運官并各翼軍官到於瓜
州取勘運官并各翼官約束不嚴縱令軍人擾民不
行究治指伏依例斷遣施行如綱運到来並無申到
擾民公事取要奏差運官重甘執結以後却有事發
擾民者依下項條欵斷罪令約定量定到各各罪名
于後　受宣官員若親自部領軍人擾民者或所轄
軍人因毆傷致人命者此二項但犯罷職如鈐束不

嚴致令軍人擾民者雖將軍人嚴行斷訖本官取訖
招伏初犯笞七下再犯一十七下三犯呈省定罪如
親見軍人擾民不為斷治者與部領軍人擾民同如
約束不嚴縱令軍人擾民不為用心體究不行斷治
或因事發露者初犯笞一十七再犯二十七三犯呈
省別議　受勅官員若親自部領軍人擾民者或所
管軍人因毆傷人命者此二項但犯罷職如鈐束軍
人不嚴致令軍人擾民者或縱令軍人擾民者不為
用心體究不行究治或因事發露比受宣官員凡罪

加一等　受省院劄付帥府諸衙門劄付官員若親自部領軍人擾民者或因毆傷人命者此二項但犯罷職如鈐束軍人船户不嚴致令擾民者并縱令擾民者不為斷治或因事發露比受勑官員凡罪加一等　本司奏差但有軍人擾民不為用心體究因事發露者除軍人軍官依例斷罪外據奏差人等初犯二十七再犯三十七三犯罷去知而不舉或看覷面情受錢物酒食不舉者量其取受輕重斷罪追錢並行罷去　淮安路御訖空船迴去時淮安分司先取

訖運官不致違犯執結亦差奏差一名取不致有循
須管盡心執結乘坐站船隨船催督疾早到瓜州復
運及監視運官鈐束軍人亦如重船一體行事但有
違犯並令瓜州總司斷遣　和顧民船長運直到中
灤并利津交割綱運　瓜州裝起中灤濟州長運綱
船俱係和顧民船三綱兩綱或三四綱船亦差奏差
一員乘坐站船前後往來催督綱運監視押綱官鈐
束綱頭船依前例取訖押綱官鈐束船户不致擾民
執結及取訖奏差重甘執結到來淮安分司隨時檢

舉如有違犯將押綱官取招斷罪如是親見船户擾
民不行約當者與自擾民同及船户毆傷百姓因傷
致命或毆死者但犯罷職如遇河道淺澁去處若有
賞奉都省行省明文許令各處添力盤剥牵拽者押
綱官親賫省府文字更行移當地官司取索與本處
司一同斟酌可用車牛或船隻人夫盤剥者如當地
官司不行着緊應付雖應付不及用度者押綱官即
申附近漕運司照依奉到都省劄付取本路首領官
縣達魯花赤已下官員招伏就便的決無得多餘取

要車站船人夫亦不得經直自拖拽車人船隻如押綱官不經由當地官司經直拖拽民夫車船者或無賫執省府許令應付車船人夫文字不得騷擾官司取要如無文字取要人夫拖拽車船者此二項與親領船戶擾民同或多餘取要氣力者與約束軍人不嚴致令擾民同如約束不嚴致令船戶擾民者凡犯並與上項受省劄諸衙門文字軍官同罪奏差約束亦同上例淮安分司開閘將重船放入淮河分為中滦濟州兩路隨即差奏差二員各隨本綱催督前去

中灤粮船淮安分司催到臨濠府已上係荆山分
司各管催督自淮安臨濠府沿路但有擾民事理仰
奏差人等並申荆山分司等候粮船到彼依上斷治
奏差到臨濠府回来還司如但有不用心體究或受
錢物酒食買告不舉者隨處官司行移淮安分司一
例斷遣施行　荆山分司交割得上項粮綱亦差奏
差一員乘坐站船催督前去及監視押綱官鈐束軍
人毋令騷擾百姓直到杞縣中間如有違犯即與上
項短船軍人罪同奏差等直申中灤行司候綱船到

中滦時行司依上斷遣如有爭差不伏行移取發元
委奏差前去對証依上施行　杞縣上流係中滦行
司差委奏差催督綱船監視押綱官鈐束船户無令
騷擾百姓如有違犯直到中滦行司斷遣　中滦迴
綱空船三五運差奏差一員押迴直到荆山交割荆
山差人直來淮安分司交割淮安差人直赴瓜州交
割如有擾民依例各處斷治濟州利津粮船淮安分
司差委奏差一員催督監押綱官鈐束綱頭船户直
到濟州漕運司交割中間但有擾民者仰奏差申覆

濟州漕運司依上斷遣　利津迴来空船利津分司
差人押来濟州交割濟州交割濟州差人押来淮安
交割淮安分司差人前去瓜州交割如有擾民隨處
依上斷遣　濟州漕運司交割到上項粮綱别差奏
差催督監視押綱官前去利津縣行司交割中間但
有擾民者申覆利津行司依上斷遣　議得合於應
干粮船經行河道兩岸但有三家五家村店照依此
條令瓜州漕運司盡行出榜曉諭百姓并軍人船户
通知及行移瀕河州郡如遇粮船到界更為差官巡

視　議得運官押綱官年終考較如有用心約束軍
人船户不曾擾民者合無量加優賞　是年十一月
以防運河行議罷阿八赤新開河道丞相火魯火孫
等奏阿八赤新挑河道迤南用船一百九十四隻運
粮四萬八千九百六十一石其船一百四隻内損壞
訖粮五千五十一石外船九十隻該粮二萬三千九
百九石凡粮之到者與已損者其數以聞有旨以問
阿八赤言比前者揚州所運其船不堅又沿海邉而
行故多損壞非預臣事臣所將船五十艘失其四其

餘當一風信未至耳省臣言阿八赤新開河口候潮以入所損甚多民亦苦之今欲造小船五百隻建倉三處上曰伯顏運粮之道與阿八赤所開河相通否對曰不通也阿八赤之言非實今春試行海道其船一百四十八皆已至矣其不至者七舟而已前有旨以其事囑忙兀觧今忙兀觧使来言今因此道運粮為船二百七十所失者十有九舟今皆得之矣上曰果如是阿八赤不必用忙兀觧好人也俟其来使遵所用海道以行阿八赤新挑河可勿用是年十二月

以朱清為中萬户易金符為虎符張瑄為千户仍佩
金符以忙兀䚟為一府達魯花赤餘一府以萬户之
無軍有牌者除充丞相伯顏平章札散右丞麥木丁
等奏海運之事而南人言朝廷若支脚錢清用已力
歲各運粮十萬石至京師乞與職名臣等議朱清元
有金牌今授中萬户換虎符張招討之子見帶銀牌
換金牌為千户忙兀䚟見帶虎符今為一府達魯花
赤餘一府以萬户之無軍而帶虎符者為達魯花赤
上從之　二十一年二月罷阿八赤河道以其軍人

水手及船分與揚州平灤兩處運糧右丞麥朮丁等
奏斡奴魯兀觧三次文書言阿八赤新挑河道損多
益少漕運弗濟其水手軍人等二萬船千艘俱閑不
用乞付臣等歲運粮一百萬石臣等前奉旨與忙兀
觧議用海道今已送粮回訖又朱清等各願送粮十
萬又囊家觧孫萬戶請得此船與軍以充海運臣與
伯顔丞相等議以阿八赤河道所有水手五千軍五
千船一千付揚州省教習水手運粮船餘軍五千水手
五千就駕平灤船從利津海道運粮上從　罷阿八

赤所開河是年十一月約束運粮回船軍人不使擾
民都省據臺呈為約束運粮軍人船户梢水擾民事
理送户部吾刑部一閧講究准臺呈禁治運粮船隻
總押送官到河西務等處下卸粮斛畢往往赴都求
仕别無理會勾當却令梢水人等不成宗伴縱意畸
零迴還因而伺隙作過今後交割粮斛畢却將應管
船隻令已押粮官總行押運迴還遏夜聚集一處停
纜鈐束梢水不致下岸似望易為關防　每宗粮船
各用顏色標記及大字書寫押運官職名容易辨認

如遇下船般柴取水摘委有職官員新行管押稍水
人等下岸事畢押還似望不致違犯　令押運官物
收禁稍水人等船上夾帶隱藏鎗刀弓箭　二十二
年二月以濟州運粮船數闕命三省續造三千艘叅
政不魯迷失海牙等奏自江南每歲運粮一百萬石
從海道來者十萬石阿八赤樂實二人新挑河道運
者六十萬石濟州奧魯赤所挑河道運者三十萬石
今濶濶你敦等言濟州河道闕少船隻臣等議令三
省造船三千艘准奏是年七月支運粮稍水口粮省

准户部呈利津海道萬户府自江淮省起遣到新附稍水二千名合照運粮稍水例每名月支粮米四斗行下濟州漕運司放支 二十三年二月以徵日本所造船給海邊民户運粮平章阿必失哈叅政禿魯花等奏忙兀䚟言修造征日本國船已完去歲無人看守有浥爛者令阿八赤忙兀䚟同議分付海邊民户運上是之是年十一月海運船壞棄米者運官償之人船俱溺者免所倍粮於下年帶運平章薛徹干等奏海運粮四年凡一百一萬石至京師者八十

四萬石不至者一十七萬運者言江南斗小至此斗
大折耗者有之又以船壞恐其沈溺因棄米者有之
固賞陪償其人船俱没者不知合陪否上曰没於水
何可使之陪又秦其合陪者差好人與忙兀䚟等一
同教陪與明年粮一處運来上從之　二十四年立
行泉府司專領海運增置萬户府二總爲四萬户府
都漕運海船上萬户府亦速爲頭與張文龍等勾當
平江等處運粮萬户府忙兀䚟爲頭與費拱辰張
文彪等勾當　孛蘭奚等海道運粮萬户府與張武

等勾當　徹徹都等海道運粮萬户府與朱虎等勾
當　二十四年正月始罷東平河運粮平章薛徹干
等奏自江南海道經由東平新開河道所運粮船往
来艱辛官未得濟乞罷之制可　二十五年增海運
粮一百萬石丞相桑哥平章帖木兒阿魯渾撒里等
奏往者奏奉旨每歲運江南粮一百萬石在後未足
其數止運七十萬石今養濟百姓食用粮數多宜增
運一百萬石制可是年二月内外分置漕運司二丞
相桑哥等奏以漕運粮斛舊設運司一兼管内外欺

詐者多亦稽誤公事比奉旨分置漕運司二在内者
為京畿都漕運使司在外者為都漕運使司内欽奉
宣命者一十一員祇受勅牒者七員從之是年十月
内外漕運分掌稅粮房照得兩司分掌事務　京畿
都漕運使司於河西務置司自濟州東阿為頭并御
河上下直至省沽河西務李二寺通州壩河等處水
陸攢運接運海道粮斛及各倉收支一切公事並隷
本司管領　京畿都漕運使司站車赴各馬頭倉般
運斛仰本司先將半印勘合支簿關發都漕運使司

收管然後押印勘合關文開坐所運粮數分付押運官賫擎前去都運使司投下比對元發半印號簿相同都漕運使司亦同勘合下倉支撥交裝毋致刁蹬停滯就取押運官明白收管隨即其交裝訖粮數行移 京畿都漕運使司照會行下省倉依數收受仍釐勒押運官須要用心關防車户般運交納如有短少隨即追陪數足及取押運官格伏治罪每十日一次各司具實交裝并到倉收訖數目申部呈省 都漕運司凡支粮斛并船人粮馬料須要依例置立勘

合號簿明白書填押印勘合文貼下倉放支奉省部
許准明文毋得擅自動支 京畿都漕運使司應管
各倉分收支見在并趲運粮斛旬申月數目及點覷
各倉挑倒粮斛關防事理仰户部照例行下本司須
要例依申部呈省仍令各倉每月一次結轉赤曆呈
押毋致作弊違錯 若有該載不盡仰都漕運使司
從長講究申部擬定呈省 二十七年十月賜海漕
運粮官毳衣段各一 丞相桑哥等奏自江南海運來
者薛徹禿李蘭奚朱張萬户等萬户及千户百户令

歲多用心力乞每人賜衣一領上曰南人受毳衣段
各賜毳段一端令還　二十八年八月罷泉府所司
隸運粮二萬户府從朱清張瑄所請也平章不忽木
等奏海道運粮朱清張瑄萬户言往歲運粮止以臣
等二萬户府自去年隸泉府司沙不丁再添二府運
粮百姓艱辛所有折耗俱責臣等乞見憐宜罷二府
或委他人上曰彼所言是止令二府運之又奏朱張
二萬户言或有疑臣等者乞留臣等在此令臣之子
代運上曰安用如此言止以朱張二人運之是月併

海道都漕運為二萬户府以驃騎衛上將軍張瑄淮東道宣慰使兼領海道都漕運萬户府事中書省奏准合併設立海道都漕運萬户府二處　一海道都漕運都達魯花赤萬户府係驃騎衛上將軍淮東道宣慰使兼領海道都漕運萬户府事張瑄管領每年運粮以十分為率該運六分本府正官六員達魯花赤一員萬户府二員副萬户三員首領官四員經歷一員知事一員照磨兼提領案牘一員提控案牘一員令史六名通事一名譯史一名奏差六名合屬鎮

橅二員千户三十三員　至元三十九年八作八翼
慶元浙江翼江灣上海翼青浦翼崇明翼許浦沿江
翼大場乍浦翼青龍翼顧逕下泙翼　元貞元年併
為四翼青浦江灣翼青龍顧逕翼許浦崇明翼大場
慶元翼　大德七年再設六翼取知仁聖義忠和為
名崇明知字翼青號青浦仁字翼紅號許浦聖字號
翼花號　青龍義字翼白號　大場忠字翼黃號
江灣和字號黑號　百户三十三員　一海運都漕
運使司達魯花赤萬户府係驃騎衛上將軍江東道

宣慰使兼領海道都漕運萬户府事朱清每年運粮
以十分爲率該運四分本府 正官五員 達魯花
赤一員 萬户二員 副萬户二員 首領官四員
經歷一員 知事一員 照磨兼提領案牘一員
提控案牘一員 令史六名 通事一名 譯使一
名 奏差六員 合屬鎮撫二員 千户二十七員
至元二十九年作七翼 殷武畧翼 朱忠顯翼
陳承務翼 第忠武翼 朱承信翼 丁忠武翼
趙國顯翼至元三十年併爲二翼 殷武德陳承

務翼蔡忠武楊忠顯翼百户二十七員二十九年二月海運水工每户月給家屬五口粮免其差徭平章不忽木平章闍里等奏淮海運稍工水手人等選擇堪用者顧傭錢價如例給之每户妻子以五口為則與之粮免其雜泛差役三十年十月以朱虞龍授明威將軍海道都漕運萬户提調香糯事中書省奏以朱虞龍降虎符授明威將軍海道都漕運萬户提調香糯事別降印信設千户一百户三制可三十六年六月以軍四百守護河西務十二倉又調軍一千接

沿河等處收貯米粮倉廒一十二處看守軍人四百名如米粮發熱令軍人及斗脚人等桃倒曝燃又奏海運朱張船隻自江南到時乞依去歲例調軍一千迎接鎮遏並從之　成宗皇帝元貞元年以歲豐海運止運三十萬石每石水運脚價減為六兩五錢丞相完澤平章賽典赤等奏朱張海運往歲一百萬石或增其數亦常運之如值禾稼不收人民艱食海運多德濟亳懿州一帶迤東貧民多聚集時并高麗地數歲缺食亦仰此海運賑救今歲豐米賤若即海運

切恐未宜去歲會計見在粮數只運三十萬石今年
如上年例亦運三十萬石在先每石脚價鈔八兩五
錢後減去一兩今粮食諸物比往歲尤賤脚價内再
宜減一兩每石作六兩五錢又奏每年斟酌海運粮
米數以十分為率張萬户運六分朱萬户運四分今
朱萬户言乞均分停運並從之　二年三月諭行省
行臺諸司毋阻壞海運道運粮都漕運萬户府事
聖旨諭行中書省行御史臺宣政院行泉府司宣慰
司肅政廉訪司轉運司管軍官管民官應管公事官

吏軍民站赤諸色人等據中書省奏海道都漕運萬
户府告說漕運粮斛恐有阻壞乞降添力聖旨事准
奏海道都漕運萬户府運粮其間諸衙門官吏人等
不得攪擾阻壞如此曉諭之後沮壞者罪之運粮官
吏等不依體例行事寧不知懼　大德二年五月以
海運所頓香糯布囊完好者於下年復用中書省據
海道都漕運萬户府朱虞龍呈每歲海運上用細白
粳糯并鼠耗附帶該一十一萬六千五百石合用夾
布袋一十一萬六千五百餘每條該布一疋每疋官

價不下五兩計該中統鈔六千餘定針線不在其中
和買布疋之時府司州縣無過分派鄉村動搖百姓
是雖和買布匹須每家依散成造如此動搖十萬餘
户方得完備裝運到都止將粮米支持其上項布袋
仍於體源倉八作司太倉收頓別無用度日漸不無
損壞今卑職參詳每歲起運上項白粳糯米粮船户
每石破耗三升明該是貼補折耗米數合於正粮布
袋內添搭盛貯一體裝運不須別給布袋外據正附
粮米合用布袋若於醴源倉八作司太倉等處累年

積下數内分揀勘好數目差官比及二三月間延南
裝粮之時先於裏河裝載前去江浙行省交割於内
間有污損去處官為補洗不致虧官損民實為兩便
今宣徽院京畿都漕運司八作司見在勘中夾布袋
二十三萬九千二百单七條其大德二年白粳米五
萬石香沙糯米五萬石今依朱懷遠所言擬發夾布
袋一十萬條除就用京畿運司見收堪中夾布袋六
萬六千五百一十五除外不敷三萬三千四百八十
五條於八作司見收堪中布袋内令京畿運司委官

選揀給付仍令都漕運司押綱官管領收貯候海道
運粮來張萬户至驗數交割令本府收管順帶前去
用度　咨江浙省准擬起運夾布袋二十萬條　劄
付户部都省准擬於現在夾布袋内通起二十萬條
就便行咨合屬早為依數運赴直沽令都漕運收貯
伺候海運到來交割順帶前去　六年以海道運粮
萬户府官員本府自行舉保從張文彪所言也江浙
等處行中書省叅知事張文彪會驗卑職父子於至
元十九年以來欽依世祖皇帝聖旨剏開海道漕運

粮斛今将二十餘年先行泉府司所設衙門四處運粮萬户三千五員千户百户五百餘員至甚冗濫甲職於二十八年親赴都省陳説減併止設都漕運萬户府二員在先年分運粮一百八十萬或一百五十萬石數目浩大本萬户府以十分中合運六分除别蒙詮注都副達魯花赤二員外所用頭目依奉都臺定例從卑職父子驗數舉保諸知海道萬户五員鎮撫二員千户百户各三十三員首領官四員押運粮斛近年以来本府所運多不過三十五萬石元設官

員其實太冗虛受俸禄中間多有衰老不任風水人
員兼都副達魯花往来通署兩府文字至甚不便以
此畀職叅詳既是每年額運粮米數少擬合除減本
府止設達魯花赤一員正副萬户四員首領官二員
嘉定州置司所管頭目設立鎮撫二員千户百户各
二十員非惟少裁冗濫實可省費俸鈔以後倘有增
運粮數足能辦事亦不添設畀職在先建言剏開海
道若不舉明伏慮因而廢弛具呈都省已蒙准呈令
通行選舉到後項諳知海道慣識風水官員開坐于

后如蒙都省早賜定奪聞奏不致失悮來春裝運外
據其餘歇下人員擬合依例給由到省求叙從優區
用似望徼勵後人又據江西等處行中書省叅知政
事張瑄呈切惟饋運粮儲始因諸河勞民費財僨運
無成至元十九年欽依世祖皇帝聖旨創行海道般
運經二十餘年已是成效在先行泉府司設立衙門
四處該設萬户三十五員千户百户人等五百餘員
官冗人濫不侵多端至元二十八年男張文彪親赴
都省陳言便利革罷減併止設海道都漕運萬户二

處此時年分運粮一百八十萬或一百五十萬石本萬户府以十分中運六分除通行提調兩府都副達魯花赤二員本府達魯花赤一員別蒙都省銓注外其餘所用頭目依本都堂定例從卑職驗數舉保諳知海道萬户五員千户百户各三十三員鎮撫二員首領官四員責付運粮勾當近年以来所運粮斛本與朱萬府户停半分運多不過三十五萬石元設官員實爲太冗非惟多費俸祿中間亦有衰老不受風水之人又兼都副達魯花赤往来通署兩府事務甚

不便當況近欽奉詔書釐政令未便等事以此大德
四年有男張文彪究思元言與今事異擬除減外本
府止設達魯花赤一員正副萬户四員首領官二員
鎮撫二員千户百户足可辦事如此其呈都省已蒙
准擬繼舉諳知海道慣熟風水員名開具合受職役
保呈都省定奪聞奏未奉明降卑職叅詳運粮人員
起自卑職與朱叅政剏行海道由此都省從准所舉
久而為例盖航海顛險輕生非歷練風濤壯年精健
不能應當職名雖同常調求備所歷今男張文彪保

者官員的係諳知海道及自幼根逐父祖下海精練
風水熟諳公務之人卑職衰老坐疾不任輔政却緣
初行海道剏始艱難不易成就安忍坐視其廢即目
已是春暮裝粮時分在邇若不蒙早賜定奪誠恐失
悞今歲粮儲將来漸至敗壞為今重時已保員數職
名開坐于后保結具呈照詳　本府元設官七十員
存設保陞四十九員　保陞陞散官一員達魯花
赤　萬户二員　副萬户二員　經歷知事二員
鎮撫二員　千户一十二員　就用二十員　千户

一十二員　百户八員　減去二十九員　萬户一員　提控案牘一員　照磨一員　千户一十三員百户一十三員　七年十二月併海道運粮三萬户府爲一設萬户六員其屬鎮撫所一官二員海運千户所十一每所官三員　中書省奏前者海道運粮立萬户府三復併爲一宜委副萬户六員前孛可孫札剌兒鮮沙的爲之長建康路達魯赤花阿里之子曰忽部魯撒剌兒次之餘萬户四員以先所委色目漢人南人内謹慎并年月未滿及於内有才者四

人如舊仍就帶虎符乞剏降虎符四又奏萬户之下
合委千户鎮撫首領官七十員内宣命受金牌六十
七員就帶金牌者三十九剏降牌面者二十八受勅
牌者三員並從之大德八年平江路開司署事當年
六人劄前萬户舊有海船一百二十五萬料運粮
本府正官達魯花赤一員 萬户二員 副萬户三
員 首領官經歷一員 知事一員 提領案牘照
磨一員 提控案牘一員 令史一十名 通事一
名 譯史一名 奏差一十名 合屬一十二處每

處議設司吏二名　鎮撫所官二員　海運千户所一十一處　平江等處香莎糯米千户所　達魯花赤一員　千户二員　副千户二員　嘉定等處千户所　達魯花赤一員　千户二員　副千户三員　常熟所　崑山所　温台所　崇明所　上海所　嘉興所　松江所　杭州所　江陰所　已上九所官員並如嘉定所之數　武宗皇帝至大四年十月海道運粮萬户府舊設官六員尚書省增為八員今復如舊數千户所十一今併為七鎮撫所仍舊

設置中書省奏運粮萬户府官往歲六員尚書省添為八員乞依舊六員又奏千户所舊一十一處乞罷其四宜併崑山崇明為一松江嘉定為一杭州嘉興為一常熟江陰為一初設温台慶紹所二并平江香糯所而為七鎮撫所依舊設置並從之 本府官六員 達魯花赤一員 萬户一員 副萬户四員

千户所一十一處併作七處 常熟江陰所 崑山崇明所 松江嘉定所 杭州嘉興所 已上四所平江路置司温台所 温州路置司 慶紹所 慶

源路置司　平江香糯所　鎮撫所是年遣官同江
浙行省提調運粮官講究海運久行良法中書啟奉
皇太子令旨以為講議海運差委刑部田侍郎仍委
高叅政等提調督青萬户府官同講究久行良法令
講究到船户利病之由海運興廢之故議擬減運粮
額去福建名顧擾民之弊增脚價充船户應用不敷
之資除免一切差謡少蘇民力棄遠就近装粮以圖
民便選重望長官提振大綱汰冗員千户去除民蠹
太倉盖倉移府就彼置司易為辦事各項便宜事理

開具中覆都省除准擬減運粮額併去千户所四處
選官分職外其餘元議船户免役等事未奉明降府
司參詳海運利病如蒙照依本府官萬户王少中與
中書省差来官并提調官江浙行省參知政事高中
奉講議已後運粮可以久行良法内除免船户里正
主首差徭改撥上江真州等處粮斛浙西嘉興松江
等處位下併各投下田粮收納本色裝發上海運却
將上江等處粮米易鈔撥還投下及於太倉盖倉收
粮海運移府就彼署事各所添設都目司吏辦事宜

為官民便益開坐各項元議事件省府送户部議擬
到下項事理　船户增添脚價據温台等處海運十
户所狀申温台兩路船户夏吉甫等狀告各有梯已
海船於至大二年以来蒙官司名顧遞年承運官粮
别無短少又吉甫等住居瀕海捕魚為生接連福建
之地至大四年十一月蒙官司名顧船隻見數聽候
運粮此時吉甫等未曾支給脚價先蒙官司督併修
理船隻以此吉甫等賫錢須為收買桐油麻筋石灰
木植等物顧匠修理船隻至皇慶元年正月内總蒙

官司放支一半脚價合用物料價直湧貴并本船合
用梢水比之太倉加倍顧覔及置辦首具梢水口粮
又且盤費浩大况本處水程約有三千餘里纔到起
程至卸粮梢水合用口粮計該九月比附太倉船户
五月開洋多用口粮四月所有官司召顧福建船隻
裝粮到於直站之時尚然優恤每石添支脚鈔二兩
據吉甫等裝粮船隻内多有捕魚小船今来官司若
照浙西脚船户般運支給脚價似為偏負近來奉都
府指揮備奉江浙省劄付減并改立千户所往歲不

照船户住居窵遠隔越叅雜管領今既從新理當隨
宜更改數内慶紹温台所即係剏改運粮一切事務
令各官前去規辦擬於温州開置治新取勘船隻給
散脚鈔催督起發除另行外今據見告早所叅詳夏
吉甫等俱係捕魚爲生遞年官司自十月間召顧拘
留船隻不能生理舉債收買物件修理船隻次年正
月纔方支給一半脚價收糴米粮顧募梢水加倍費
用比及太倉先行往迴六千餘里裝粮了畢隨處開
洋運赴直沽比附太倉船户五月開洋多用口粮四

月所得脚錢已用不敷若照依浙西船户一体支給脚價實爲偏負至大元年温台等處荒歉之時官司於太倉和顧船隻賑濟亦與脚價鈔四兩五錢至大四年浙西船户到於福建經營本處名顧運粮亦行每石添支脚錢二兩議得夏吉甫等住居瀕海接連福建遞年官司名顧船户典妻賣女承運累舉温州路船户陳孟四將一十三歲親女賣與温州樂清縣傅縣尉得中統鈔五錠起發船支此等船户到此極矣至大四年温台兩路運粮迴還在海遭風并直沽

卸欠官粮出賣等船五十六隻二萬六千二百三十料又兼物料比之舊日色色增添有至十倍之上如蒙添給脚價庶幾船料日漸增加若弗添支轉見船户消乏船隻事故理宜優恤既脚錢不虧則船户無損申乞照詳至大四年奉江浙省符文備都咨省為至大四年海運正粮二百五十七萬五千石除委刑部田侍郎馳驛前去咨請敬依委請本省官烏馬兒平章高叅政提調督責元委官萬户府官照依作去春夏合起粮料趂時裝發起運毋致耽悞仍與差去

官刑部田侍郎萬户王仲温等一同從長講究已後
可以久行良法擬定咨申奉此除春夏二運粮斛别
行裝運所講究到海運利病數内一項運粮必合添
支脚價資給船户修造船隻以國家辦事齊成先濟
海運脚錢三十年前舠始之初鈔法貴重百物價平
此時江南米價每石中統鈔三兩運粮一石支脚鈔
八兩五錢幾及米價三倍又於舊年九月十月之間
撥降好鈔船户得此趂時買物修造海船如造船一
千料所用工料價錢不過一百定運粮一千石隨得

價錢一百七十定為有餘利爭趋造船專心運粮今
則物重鈔輕造船物料十倍價高每年船隻必須修
粘浮動頁具必合添辦所得不償所費船户艱辛雖
蒙每石添作至元鈔二兩其物價愈翔不敷其用况
浙東溫台慶元海船水程窵遠比到太倉裝粮處所
海洋水程不下二千餘里難與附近船户一体支給
脚價今量擬遠者溫台慶元船隻運粮其石帶耗添
至元鈔一兩通作三兩其餘船隻裝運糙白粮米香
糯每石添鈔六錢通作二兩六錢稻穀每石添鈔六

錢通作二兩於九月十月之閒俵散脚價以資給船
户修理船隻庶使船身貢其得以堅壯不致損失作
弊虧損官粮照得先為講究各項事理數內船户必
合添支脚價已經移咨中書省照詳未准回示户部
議得温台慶元顧到船户經涉海洋既比兩浙程遠
每石帶耗量添脚價至元鈔二錢通作至元鈔二兩
二錢外據香糯糙白香粮稻穀近年以来已曾添量
別難再議如遇給散脚價行移本道廉訪司体察相
應具呈照詳　元講議恤運粮船户與免雜泛差役

使之專心運粮庶得易爲成就照得至元三年十二月内欽奉聖旨節文但是運粮之户除免里正主首雜泛差役及蒙省擬曉諭卽有船户樂從造船有三十萬料裝運之際欽奉詔書内一欵節文民間和顧和買一切雜泛造遠軍人并大都至上都自備首思祐户外其餘不以是何户計與民一体均當欽此其各路有司將運粮船户復行差充里正主首生受已經講議有曰運粮船户運官粮千石者除免本户梯已苗粮四十石里正主首雜泛差使其餘多寡一體

除免若有運粮一萬石之上者役免不過四百石餘
苗依例應當外據無田船户依例優恤開申省府未
奉明降講議之後具平江路合屬崑山州將溫台千
户所副千户劉仁居充本州里正着落催辦差稅將無
催人户所欠稅粮勒令劉居仁閉納過四千一十餘
石俱有納護倉鈔存照似此將船户差充里正主首
甚多俱有倍償粮斛若不將船户免役切恐船户將
出賣或詭寄他人不肯運粮所繫非輕謂財賦承佃
户討正是管領佃種財賦粮米甚為優輕官司尚且

與免里正主首差徭白雲宗僧人種田不納稅粮亦除里正主首其海運船户自備已錢造船若以新造一千料船一隻工價油灰桅柁釘線版木等物價錢少者八百餘定裝粮一千石官給脚價二百定名顧稍水往迴口粮短船脚價除銷用外有不敷陪錢貼補起粮所給不及所費然後又令親身下海運至直沽交卸粮儲經涉海洋數萬餘里晝夜風濤棄生就死其落後家屬復被有司捉拏勒令應當里正主首雜泛差役又將詭户逃亡無徵粮斛監督倍納即與

財賦佃户并白雲宗僧人實為優劣不同將來船户
避重就輕海運廢弛深繫利害宜從省府移咨都省
聞奏欵依先降聖旨除免里正主首差役或照已講
議定驗粮免徵庶使船户得以安養氣力專心運粮
辦事可為久長便益乞照詳照得先為講究各項事
理數內船户自備船隻裝粮一千石為則令各户依
舊輸納官粮止免四十石苗粮里正主首雜泛差役
運至一萬石者止許免四百石差役餘粮依驗多寡
與民一体均當已經移咨中書省照詳未准回示户

部照得至大四年三月十八日欽奉詔書内一款節
該民間和顧和買一切雜泛差役除邊遠軍人并大
都至上都自備首思站户外其餘各驗丁產先儘富
實次及下户諸役下不以是何户計與民一体均當
應有執把除差聖旨懿旨所在官司就使拘收本部
議得所言詭名稅粮合依已行歸併田主粮數着落
佃地之人徵納毋得似前勒令里正主首追陪除免
雜泛差役一節擬合依例均當相應具呈照詳　元
講議船上江東寧國池饒太平等處裝粮不便又將

湖廣江西等處起運粮米至真州泊水灣與海船對
裝其海船重大底小止可海内行使近年以来海運
粮額增添坐下江東寧國池饒太平建康等路及真
州對裝粮斛勒令海船從揚子江逆流駕使前去裝
發緣江内水勢湍急不常走沙漲淺山磯數多常於
口内着淺粮船俱壞歲歲有之實為不便切照浙西
各路多有各投下財賦及嘉興松江府位下粮米約
有百萬餘石遞年折收輕賫變糶價錢若將財職等
粮收納本色裝發海運却將江南湖廣粮米令各路

變鈔或折價錢撥還投下唯復官為支付非唯船户支裝快順不誤風汛亦免江河沙淺損失官粮之患官民兩便外有起運香糯米粮舊例亦在直沽交卸在後朱虎龍害衆利已要功同職將香糯直赴大都醴源倉送納轉支河船般剥經過閘堨河船户偷盗夾雜虧折官粮交割短少揭借重債閑納稽留日久歲終方回船户消乏如蒙將上項香糯照依舊例與糙粮止於直沽交卸實為民便已經備申未奉明降如將裝粮止於浙西起運香糯亦於直沽交卸實為

官民便益照得先為講議各項事理數内本省先擬
嘉興松江歲科秋粮六十餘萬石并江淮財賦府年
辦税粮一百餘萬石江浙財賦府歲辦粮二十四萬
餘石照依時估於係官錢内先行提撥却將前項粮
数以充海運已經移咨中書省照詳未准回示户部
議得嘉興松江兩路財賦田粮啟准充為海運江浙
等處財賦府税粮約二十四萬餘石奏啟一体免糴
海運相應外據香莎糯米既已醴源倉下卸行之已
久别難更改具呈照詳　元講議太倉粉盖倉厫收

納浙西等路稅粮供給海運本萬户府管軍萬户總司并崑山州於太倉置司似此却將十處千户所裁減每所額設司吏四名都目一員照畧案牘辦事照得本府既管運粮海船多於太倉劉家港等處灣泊在先年分運粮數少就浙西各路支裝海運近歲以來粮額增添督責海船直抵江東太平寧國池饒建康等處支裝緣海船多係大料直州以上江面窄狹水勢湍急山磯數多泝流而上損壞船粮年年有之浙西諸路相離太倉遠者不過三二百里近者百里

之上裝粮之際雇覓裏河民船剥至太倉裝海其間
東量西折公私擾害不便况太倉正係灣泊海船人
煙輳集去處每歲粮船俱於此處裝集整點起發開
洋若於此處蓋倉收納浙西各路税糧就移萬户府
於太倉置司裝發海粮却將十處千户所裁减四處
止設六處鎮撫所香糯所依舊存設已經照勘得千
户所六處合該司吏四名計二十四名除見存應設
司吏二十名外合添四名都目八員照畧案牘實為
公便及有本府達魯花赤阿散忽都魯與都省差來

官刑部田侍郎親詣太倉劉家港起發至大四年夏
運般署行踏視得太倉朱辛一房屋東北朱家庄舊
有房舍週圍空閑地基可以起盖倉厫收頓官粮兼
有萬户府於此鎮守関防已經采畫圖本開坐申蒙
省府移准中書省咨減併訖千户所四處止設六處
鎮撫所香糯所依舊存設革去千户二十四員其元
議盖倉移府州於太倉置司添設各所都目司吏未
蒙准擬今歲皇慶元年海運粮斛一百八十萬石跨
涉一十七處裝發實是闕官辦事幸而完備今來府

司参詳如蒙照依元議移咨都省擬於太倉起蓋倉
廒收納浙西各路税粮供給海運本萬户府管軍萬
户總司并崑山州移於彼處置司毎千户所一處添
作司吏四名都目各一員照畧案牘一則革去冗員
千户蠹政害民之弊二則削除船户舍近趋遠装運
之勞實為官民兩益已經申覆省府照詳未奉明降
如准海道萬户府所擬户部議得崑山州太倉劉家
港起蓋倉廒囤貯粮儲瀕靠大海中間恐有不測况
兼運粮已久似難更張外據運粮千户所難同有司

不須添設司吏都目具呈照詳　仁宗皇帝皇慶二年十月增海運脚價浙東每石中統鈔一兩五錢其餘去所每石一兩　中書省奏江浙行省言今歲海運粮船阻風損壞者多若弗增其脚價船户艱辛又兼造船物料比之往歲價增數倍臣等議量其地里遠近比元脚價之上除浙東每石添中統鈔一兩五錢其餘去所每石添一兩奏可

大元海運記卷之上

湖廣江西等處起運粮米至真州泊水灣與海船對
湖裝其海船重大底小止可海內行使近年以來海
運粮額增添坐下江東寧國池饒太平建康等路及
真州對裝粮斛勒令海船從揚子江逆流駕使前去
裝發緣江內水勢湍急不常走沙漲淺數山磯數多
常於口內着淺粮船俱壞歲歲有之實有各投下財
賦及嘉興松江府位下粮米約有百萬餘石遞年

大元海運記卷之下

永樂大典傳録　歲運粮数

至元二十年該運粮四萬六千五十石運到四萬二千一百七十二石二斗二升五合事故粮八百七十七石七斗五合　至元二十一年該運粮二十九萬五百石運到二十七萬五千六百一十石事故粮一萬四千八百九十石　至元二十二年運粮一十萬石已運到粮九萬七百七十一石五斗五升事故粮九千二百二十八石四斗五升　至元二十三年運

粮五十七萬八千五百三十石已運到粮四十三萬三千九百五石四斗事故粮一十四萬四千六百一十四石六斗　至元二十四年運粮三十萬石已運到粮二十九萬七千五百四十六石七斗事故粮二千四百五十三石三斗　至元二十五年運粮四十萬石已運到粮三十九萬七千六百五十五石八斗六升事故粮二千三百四十四石一斗四升　至元二十六年該運粮九千三萬五千石已運到九十一萬九千九百四十三石事故粮一萬五千五十七石

至元二十七年該運糧一百五十九萬五千石已運到糧一百五十一萬三千八百五十六石八斗事故糧八萬一千一百四十三石二斗　至元二十八年該運糧一百五十二萬七千二百五十石運到糧一百二十八萬一千六百一十五石事故糧二十四萬五千六百三十五石　至元二十九年該運糧一百四十萬七千四百石已運到糧一百三十六萬一千五百一十一石六斗八升事故糧四萬五千八百八十六石三斗二升　至元三十年該運糧九十萬

八千石已運到粮八十八萬七千五百九十一石五斗事故粮二萬四百八石五斗至元三十一年該運粮五十一萬四千五百三十三石已運到粮五十萬三千五百三十四石事故粮一萬九百九十九石元貞元年該運粮三十四萬五百石俱到 元貞二年該運粮三十四萬五百石已運到粮三十三萬七千二十六石六斗事故粮三千四百七十三石四斗大德元年該運粮六十五萬八千三百石運到粮六十四萬八千一百三十六石九斗五升事故粮

一萬一百六十三石五斗　大德二年該運粮七十四萬二千七百五十一石已運到粮七十萬五千九百五十四石五斗事故三萬六千七百五十六石五斗　大德三年該運粮七十九萬四千五百石俱到

大德四年該運粮七十九萬五千五百石已運到七十八萬八千九百一十八石二斗七升事故粮六千五百八十一石七斗三升　大德五年該運粮七十九萬六千五百二十八石已運到粮七十六萬九千六百五十石事故粮二萬六千八百七十八石

大德六年該運粮一百三十八萬三千八百八十三石六斗三升已運到粮一百三十二萬九千一百四十八石一斗事故粮五萬四千七百三十五石五斗三升　大德七年該運粮一百六十五萬九千四百九十一石三斗二升已運到粮一百六十二萬八千五百八石八斗七升事故粮三萬九百八十二石四斗五升　大德八年該運粮一百六十七萬二千九百九石八斗六升四合已運到粮一百六十六萬三千三百一十三石五斗九合事故粮九千五百九十

六石三斗五升五合　大德九年該運粮一百八十
四萬三千三石九斗已運到粮一百七十九萬五千
三百四十七石一斗一升六合二勺事故粮四萬七
千六百五十六石七斗八升三合八勺　大德十年
該運粮一百八十萬八千一百九十九石五斗已運
到粮一百七十九萬七千七十八石三斗七升五合
二勺事故粮一萬一千一百二十一石一斗二升二
合八勺　大德十一年該運粮一百六十六萬五千
四百二十二石八斗五升五合三勺已運到粮一百

六十四萬四千六百七十九石二斗七升八勺事故粮二萬七百四十三石六斗七升七合五勺　至大元年該運粮一百二十四萬一百四十八石四斗八升八合七勺已運到粮一百二十萬二千五百三石四斗七升三合九勺事故粮三萬七千六百四十五石一升四合八勺　至大二年該運粮二百四十六萬四千二百四石八斗已運到粮二百三十八萬六千三百石四斗八升一合事故粮七萬七千九百四石三斗一升九合　至大三年該運粮二百九十二

萬六千五百三十三石六斗四升九合已運到粮二百七十一萬六千九百一十三石九斗九升五合事故粮二十萬九千六百一十九石六斗五升三合四勺　至大四年該運粮二百八十七萬三千二百一十二石一斗已運到粮二百七十七萬三千一百六十六石一斗九升六合事故粮九萬九千九百四十五石九斗四合　皇慶元年該運粮二百八萬三千五百五石四斗七合已運到粮二百六萬七千六百七十二石八斗六升七合事故粮一萬五千八百三

十二石五斗四升　皇慶二年該運粮二百三十一萬七千二百二十八石八升四合已運到粮六十五萬四千三十六石一升五合事故粮一十五萬八千五百四十三石一斗一合食貨志至者二百一十五萬八千六百八十五石　延祐元年該運粮二百四十萬三千二百六十四石四斗三升四合已運到粮二百三十五萬六千六百六石一斗二升二合事故粮四萬六千六百五十八石三斗一升二合　延祐二年該運粮二百四十三萬五千六百五十八石九斗

九升八合運到粮二百四十二萬二千五百五石一
斗九升二合事故粮一萬三千一百八十石八斗六
合　延祐三年該運粮二百四十五萬八千五百一
十四石一斗八升五合已運到粮二百五十三萬七
千七百四十一石一斗八升五合事故粮一萬七百
七十三石　延祐四年該運粮二百三十七萬五千
三百四十五石四斗三合已運到粮二百三十六萬
八千一百一十九石六斗四升二合事故粮七千二
百二十五石七斗六升一合　延祐五年該運粮二

百五十五萬三千七百一十四石三斗一合已運到
粮二百五十四萬三千六百一十一石五斗四升一
合事故粮一萬一百二石七斗六升　延祐六年該
運粮三百二萬一千五百八十五石八斗八升九合
已運到粮二百九十八萬六千七百一十七石九斗
七升八合事故粮三萬四千八百九十一石九斗一
升一合　延祐七年該運粮三百二十六萬四千六
石五斗六升七合已運到粮三百二十四萬七千九
百二十八石一斗六升二合事故粮一萬六千七十

八石四斗四升八勺　至治元年該運糧三百二十六萬四千四百五十一石五斗六升四合已運到糧三百二十三萬八千七百六十五石九斗一升九合八秒五撮事故糧三萬六百八十五石六斗四升四合九勺一秒五撮　至治二年該運糧三百二十五萬一千一百四十石及帶起附餘香白糯米一萬八千九百四十二石六斗一升二合已運到糧三百二十四萬六千四百八十三石一斗五升七合事故糧二萬三千五百九十九石四斗五升五合　至治三年

該運粮二百八十一萬一千七百八十六石九斗三升七合已運到粮二百七十九萬八千六百一十三石九斗六升三合事故粮一萬三千一百七十二石九斗七升四合　泰定元年該運粮二百八萬七千二百三十一石七斗八升九合已運到粮二百七萬七千二百七十八石三斗六升九合事故粮九千九百五十三石四斗二升　泰定二年該運粮二百六十七萬一千一百八十四石六升已運到粮二百六十三萬七千七百五十一石八斗九升四合事故粮

三萬二千四百三十二石七斗五升　泰定三年該
運粮三百三十七萬五千七百八十四石二斗八升
已運到粮三百三十五萬一千三百六十二石三斗
六升事故粮二萬四千四百二十一石九斗二升
泰定四年該運粮三百一十五萬二千八百二十石
六斗六升已運到粮三百一十三萬七千五百三十
二石七斗七升事故粮一萬五千二百八十七石八
斗九升　天曆元年該運粮三百二十五萬五千二
百二十石四斗四升已運到粮三百二十一萬五千

四百二十四石三斗事故粮三萬九千七百九十六石四斗四升　天曆二年該運粮三百五十二萬二千一百六十三石一斗已運到粮三百三十四萬三百六石二斗事故粮一十八萬一千八百五十六石九斗

收江南粮鼠耗則例

至元二十二年十月中書戶部呈依奉省劄照依江南民田稅石擬合依例每石帶收鼠耗分例七升內除養贍倉官斗腳一升外六升與正粮一體收貯如有短折數目擬依腹裏折耗例以五年為則準除四升初年一升二合次

年二升三年二升四年三升四合五年共報四升餘
上不盡數目追徵還官若有不及所破折耗從實準
算無得因而作弊多破官粮外據官田帶收鼠耗分
例若依行省所擬比民田減半每石止收三升五合
却緣前項所破正粮擬合每石帶鼠耗分例五升似
爲允當呈乞照詳議得除民田税石依準户部所擬
外據官田擬依行省所諮減半收受都省移文江浙
等處行中書省照驗定擬南粮北粮耗例　至元二
十五年十月省臣奏准南粮每石帶耗一升四升北

糧七升定到省倉馬頭倉站車垻河船運各各合該
數目劄付戶部去訖近據省倉馬頭倉官人等告稱
見定破耗委實不敷不惟倉官破家艱辛官司積累
懸欠數多公私不便今都堂再行圓議聞奏過下項
各各合添耗糧例開例于后　南糧元破每石帶耗
一斗四升　海運至直沽每石四斗　直沽每石一
升三合　船運至河西務每石七合　河西務每石
一升三合　船運至通州每石七合　通州每石一
升三合　垻河運至大都每石一升　站車運至大都

每石七合　省倉每石三升　今議每石帶耗一斗
七升五合除元破林添三升五合　依舊破耗　海
運至直沽每石破四升直沽一升三合添破耗粮搬
運直沽至河西務每石一升二合　元破七合　添
破五合　河西務破耗二升　元破一升三合　添
破七合　船運河西務至通州每石破耗一升五合
元破七合　添破八合　通州倉二升　元破一
升二合　添破七合　垻河站車運至大都每石破
耗一升五合　元破一升　添破五合　省倉每石

四升　元破三升　添破一升　北粮元破每石運
至大都通破耗米七升河船運至河西務每石破五
合河西務每石破一升二合　盤船河西務運至
通州每石破耗三合　通州倉每石破一升三合站
車運至大都每石五合　埧河運至大都每石七合
省倉每石二升五合合議每石帶耗八升二合內
除元破外添一升二合船運自唐村等處運至河西
務每石破七合　元破五合　添破二合　河西務
倉每石破一升五合　元破一升二合　添破三合

船運河西務至通州每石破五合　元破三合
添破二合　通州倉每石破一升五合　垻河站車
運至大都每石破耗一升　元破七合　添破三合
省倉每石破三升　元破二升五合　添破五合
南北倉添鼠耗則例　至元二十六年閏十月省
臣　奏各倉官員皆稱往歲定到鼠耗分例數少倉
官倍償破其家産鬻其妻小者有之因此多欠粮數
臣等圖議去年奏添南粮自直沽裏運至河西務每
石元破七合今添五合河西務運至通州每石元破

七合今添八合河西務倉内每石元破一升三合今添七合通州倉内每石元破一升三合今添七合埧河站車運至大都每石元破一升今添五合省倉内每石元破三升今添一升北粮内自唐村等處運至河西務每石元破五合今添二合河西務倉每石元破一升二合今添三合河西務船運至通州每石元破二合今添二合通州倉每石元破一升三合今添二合埧河站車運至大都每石元破七合今添三合省倉每石元破二升五今添五奏可省奏准再定南

北粮鼠耗則例　至元二十九年八月完澤丞相等奏通州河西務倉官告説各倉收粮前省官定擬鼠耗分例數少至有鬻其妻子家産尚陪納不完至今辛苦臣等議得前省官所定鼠耗分例不均如今南北耗各年分例比在先斟酌再定之上曰如卿所奏雖然亦合用心雀鼠待食用多少休因此教觧人作弊為欺詐依舊聽耗唐村等處船運至河西務北粮每石破七合直沽船運至河西務南粮每石破一升二合河西務船運至通州李二寺南粮每石升五合

北粮每石五埧河站車運至大都省倉南粮每石一
升五合北粮每石一升今擬議聽耗例大都省倉元
定破耗南粮每石四升北粮每石三升今議擬限年
聽耗次初年聽耗南粮每石二升北粮每石一升五合
次年聽耗南粮每石三升北粮二升三合貯經三年
以上依元定聽耗南粮每石四升北粮每石三升河
西務通州李二寺元定破耗南粮每石二升北粮每
石一升五合今擬限年聽耗初年依元定破耗南粮
每石二升北粮每石一升五合次年聽耗南粮每石

三升北粮每石二升三合貯經三年已上聽耗南粮每石四升北粮每石三升直沽倉除對船交裝不須破耗外今擬一年須要支運盡絶南粮每石聽耗二升元定破一升三合今擬添七合香糯白粳破耗大德三年中書省准户部呈若依糙米例定奪緣糙粳米俱各散裝白粳香莎糯米終用夾布袋盛以此詳参擬合比附散裝糙米破耗定例三分中量減一分海運至直沽每石破耗八合河西務至通州李二寺每石破耗一升如直沽裝船經由通惠河徑赴大都

交卸止依至通州李二寺每石破耗一升八合排年
海運水脚價鈔至元十九年欽奉聖旨剏開海道不
給脚鈔就用係官海船官司召顧水手起運粮儲至
楊村馬頭交卸講究水程自開洋上海等處至楊村
馬頭計一萬三千三百五十里　至元二十一年依
驗千斤百里脚價每石該支脚錢中統鈔八兩五錢
九分令近海有力人户自行造船顧募稍水依已定
擬每石支鈔八兩五錢　至元二十九年減作每石
七兩五錢　元貞元年十二月二十八日奏朱張海

運粮在先每石脚錢八兩五錢減為七兩五錢如今
粮食諸物比之在先甚賤脚錢亦合減若不減恐虧
官臣等議每石宜減去一兩為六兩五錢奏可本年
為頭糙白粳米就直沽交卸每石支中統鈔六兩五
錢香糯直赴大都醴源倉交納每石增鈔五錢計七
兩大德七年起運稻穀二十萬石每石脚錢中統鈔
五兩　至大元年四月初十日奏過海運粮脚價每
石六兩五錢如今粮食諸物湧貴量添五錢為七兩
已後不與照依先體例與六兩五錢　至大三年准

尚書省咨該本省咨至大三年海運粮斛差官名顧
到海船即目諸物湧貴春運脚價每石添作至元鈔
一兩六錢必是海道府先令本管船隻裝運所據名
顧海船俱係福建浙東等處名顧至平江太倉劉家
港裝運處所比附海道舊管船户先去一二千里之
遠日用口粮盤費偏負生受量添脚價官民兩便照
得先咨運粮脚價費用不敷春運粮米每石量添至
元鈔三錢通該至元鈔一兩六錢夏運粮斛止依舊
例不須添支移咨依上施行令夏運粮船户依准所

擬照依春運例每石添支至元鈔三錢咨請照驗本
年脚價糙白粳每石至元鈔一兩六錢香糯每石至
元鈔一兩七錢　至大四年准中書省咨該尚書省
准本省咨講究極治海運至大三年十月二十九日
奏准運粮脚價每石支至元鈔一兩六錢如今添為
二兩稻穀一石元支至元鈔一兩如今添為一兩四
錢至元鈔本年為頭脚價糙白粮每石至元鈔二兩
香糯每石至元鈔二兩八錢稻穀每石一兩四錢
延祐元年二月初六日海道府奉中書戶部符文備

奉中書省劄付　皇慶二年十月二十五日奏准斟
酌地里遠近比元價之上添與脚錢本年為頭粮斛
脚價內福建遠船運糙粳每石一十三兩溫台慶元
船運糙粳每石一十一兩五錢香糯每石一十一兩
五錢紹興浙西船每石一十一兩白粮價同稻穀每
石八兩黑豆每石依糙白粮例支鈔一十一兩已後
年分至今起運糙白粳香糯稻穀依前支價年例預
支每歲八九月間海道府權依上年運粮額數為則
扣算先支六分脚價差官走省關撥管押前去平江

慶元温台官庫寄收候都省坐到粮數委定提調省
官職名或十月十一月内海道府差官稟請省官親
臨平江路提調省官給散除慶紹温台兩浙合該脚
價海道府差官前去與各路所委官一同給散外本
省提調官或有事故改委左右司官前去僅及一月
散訖還省海道府分派定春夏二運粮數差官赴省
関撥船支四分脚價次年正月間咨請提調官親詣
海道府裝發粮斛給散貼支脚價直至五六月間夏
運開洋了畢運省據天曆二年海運正粮三百萬石

脚價不等散過中統鈔六十四萬九千七百二十八定二十八兩五錢并增運附餘香白糯正耗三千四百七石三斗六升九合鈔七百三十八定三十四兩七錢四分三釐通計支散脚價鈔六十五萬五百一十二定一十三兩二錢四分三釐　漕運水程　至元十九年𠛬開海運每歲粮船於平江路劉家港等處聚䑸經由揚州路通州海門縣黄連沙頭萬里長灘開洋沿山捉嶼使於淮安路鹽城縣歷西海州海寧府東海縣密州膠州界放靈山洋投東北取成山

路多有淺沙行月餘才抵成山羅璧朱清張瑄講究
水程自上海等處開洋至揚州馬頭下卸處經過地
名山川經直多少迂回計一萬三千三百五十里
至元二十九年朱清等建言北路險惡踏開生路自
劉家港開洋遇東南風疾一日可至撑脚沙彼有淺
沙日行泊守伺西南便風轉過沙嘴一日到於三沙
洋子江再遇西南風色一日至匾擔沙大洪抛泊來
朝探洪行駕一日可過萬里長灘透探才方開放大
洋先得西南順風一晝夜約行一千餘里到青水洋

得值東南風三晝夜過黑水洋望見沿津島大山再得東南風一日夜可至成山一日夜至劉島又一日夜至芝果島再一日夜至沙門島守得東南便風可放萊州大洋三日三夜方到界河口前後俱係便風經直水程約半月可達如風水不便迂回盤摺或至一月四十日之上方能到彼倘值非常風阻難度程限明年又以粮船自劉家港開洋過黄連沙轉西行使至膠西投東北取成山亦為不便繼委千户殷明略踏開生路自劉家港開洋至崇明州三沙放洋望

東行使入黑水大洋取成山轉西至劉家島聚䑸取
薪水畢到登州沙門島於萊州大洋入界河至今為
便皆行北道風水險惡至元十九年為始年例粮船
聚於劉家港入海由黃大郎觜白茆撑脚唐浦等處
一帶率皆沙淺其洪道闊却無千丈長之潮兩向俱
有白水潮退皆露沙地候得西南風順過匾擔沙東
南大洪過萬里長灘透深開放大洋至青水洋內逕
陸家等沙下接長山并西南鹽城一帶趙鐵沙觜及
半洋沙嚮沙匾擔等沙淺及至蘇州洋又有三沽洋

山下八山補陀山到於黑水大洋過成山北面一帶
并芝罘島登州一路木極島等處近沙門島山或鐵
山嘴閘放萊州大洋又有三山茅頭觜大姑河兩姑
河兩頭河等灘及北有曹婆沙梁河沙南有劉姑蒲
灘至界河海口復有灘淺狹洪沙硬潮汛長落不常
但遇東南風本處船聚稠密則有妨碍之虞上項所
由各各險惡去處設遇風濤不甚猛惡可以預為轉
調辦閃或收入山島藏避守伺風平浪少然後行使
若值不測驟風急雨巨颶湧浪危險之時或白晝迷

霧靄夜昏黑皆賴聖朝洪福天地神明護祐非人力
所及延祐三年正月海道都府據慶元紹興所申紹
興路三江陡門至下盖山一帶沙淺一百餘里名鐵
板沙潮汛猛惡温台船隻吴底食水深浚船户稍水
不識三江水脈避怕險惡直至四月中旬尚於烈港
等處停泊不敢前來差人搜究断罪催赶顧覓剝船
搬剝緣剝船數少卒急不能尋顧尚於海岸屯貯委
實靠損船户不便據紹興六路下年海運粮斛如蒙
照依皇慶二年例就用本路船料裝發若有不敷於

慶元路標撥小料海運貼裝其溫台福建船隻起發
劉家港交割依舊於平江路倉裝粮官民兩便又準
本府副萬户抄兒赤目擊艱難必須改擬若台州有
裝官粮先儘本路船隻不敷於溫州船内貼撥紹興
路粮亦用本路船隻裝發不敷用慶元路小料海船
貼裝其慶元府港深闊臨近路倉脚夫徑直擔米上
船就將舶船并溫台所用不盡船料支裝倘有剩下
船料及慶元路船隻差官押發劉家港交割裝粮兩
便已經準擬標撥外據福建舶船依已行於慶元路支

裝記標指淺　至大四年十二月海道府據常熟州
船户蘇顯陳言立標指淺事再行會集老舊運粮千
户殷忠顯黄忠翊等講究得每歲粮船到於劉家港
聚集起發甘草等沙淺水暗素於粮船為害不知水
脉之人多於此土揍閣排年損壞船粮渰死人命為
數不少今蘇顯備已船二隻拋泊西暗沙嘴二處豎
立旗纓指領粮船出淺誠為可采今畫到圖本備榜
太倉周涇橋路漕宫前聚船處所曉諭運粮船户起
發粮船務要於暗沙東蘇顯魚船偏南正西行使於

所立號船西邊經過往北轉東落水行使至黄沙嘴
拋泊候風開洋如是潮退號上桅上不立旗纓粮船
止許拋住不許行使若有不依指約因而湊淺損失
官粮之人船主判院痛行斷罪所陷官粮臨事斟酌
着落陪還以蘇顕所言於官有益於民有便例應陞
擢申奉省府出給劄付令蘇顕祗受充指淺提領依
施行　延祐元年七月據常熟江陰千户所申為江
陰州界揚子江内巫子門等處沙淺損壞粮船喚到
本處住坐船户袁源陽與講究得江陰州管下夏港

至君山直開沙淺至馬馱沙南一帶至彭公山石牌山浮山巫子門鎮山石頭港雷溝陳謙九處約有一百餘里俱有沙淺暗焦江潮衝流陰惡潮長則一概俱没潮落微露沙脊遞年支裝上江寧國等處粮船為不知各處淺沙暗焦中間多有損壞宜從官司差撥附近小料船隻設立諸知水勢之人於每歲裝粮之際駕船於沙淺處立標常川在彼指引粮船過淺不致疎虞為是江東各路船户顧文寬林德明等粮船俱於巫子門等處着落淺渰没其餘不及枚數據

袁源等所言實為官民便益申奉省府給降劄付令
袁源等充指淺提領照依議到事理預備船隻旗纓
依上指淺施行　延祐四年十二月海道府承奉江
浙行省劄付准中書省咨送戶部呈奉省判御史臺
備監察御史呈每年春夏二次海運粮儲萬里海程
渺無邊際皆以成山為標准俱各定北行使得至成
山轉放沙門島萊州等洋約量可到直沽海口為無
卓望不能入河多有沙湧淤泥去處損壞船隻合准
所言設立標望於龍山廟前高築土堆四傍石砌以

布為旛每年四月十五日為始有司差夫添力豎起日閘於上懸掛布旛夜則懸點燈火庶幾運粮海船得以瞻望部議合准監察御史所言令江浙行省計料成造旛竿繩索布旛燈籠蠟燭趂迭來春運粮時月發付海道萬户府順帶至直沽交付有司收管於海門龍山廟前豎立晝則懸旛夜則掛燈伺候春夏二運粮船齊足方許倒卸責付看廟僧人如法收掌次年趂時復立依上懸點如有損壞短少預為申索相應都省准擬咨請依上施行　測候潮汛應驗海

道都漕運萬户府前照磨徐泰亨曾經下海押粮赴
北交卸本官紀録切見萬里海洋渺無際涯陰晴風
雨出於不測惟憑針路定向行船仰觀天象以卜明
晦故船主高價召募慣熟稍工使司其事凡在船官
粮人命皆所繫爲少有差失為害甚大泰亨因而詢
訪得潮汎風信觀象畧節次第雖是俗説屢驗皆應
不避譏哂綴成口訣以期便記誦爾　潮汎前月起
水二十五二十工八日大汎至次月初五是下岸潮汎
不曾差今古次月初十是起水十三大汎必然理二

十還逢下岸潮只隔七日循環爾　風信春後雪花落不止四箇月日有風水二月十八潘婆颶三月十八一般起四月十八打麻風六月十九日彭祖忌秋前十日風水生秋後十日亦須至八月十八潮誕生次日須宜預防避白露前後風水生白露後頭亦未已霜降時候須作信此是陰陽一定理九月二十七無風十月初五決有矣每月初三颶若無初四行船難指擬如遇庚日不變更來到壬癸也須避　觀象日落生耳於東南（北）必起風雨莫疑惑落日猶如糖餅

紅無雨必須忌風伯日後觀色如臙脂三日之中風作厄若還接日有烏雲隔日必然風雨過烏雲接日却露白晴明天象便分得對日有垢雨可期不到巳申要盈尺雨餘晚垢橫在空來日晴明須可尅北辰之下閃電光三日之間事難測大雨若無風水生陰陽可以為定則東南海門閃電光五日之內雲潑黑縱然無雨不為奇必作風水大便息東北海門閃電光三日須防雲如織否則風水必為憂屢嘗試驗無差忒　行船遲了一潮搭一汛挫了一線隔一山十

日灘頭坐一日過九灘艘數裝泊艘數汩所年例以船料多少數目灣泊何處自何處開洋合用船隻依驗歲運粮數灣泊去處隨戶所居家步緣戶計消長迁移不常粮額增減無定况船有損舊必須修拆或以小船三五隻拆卸并造改作一二隻或因大料一船不堪却將三二小船抵運因此艘數泊所俱無定籍今已至順元年為率用船總計一千八百隻　崑山州太倉劉家港一帶六百一十三隻崇明州東西三沙一百八十六隻海塩澉浦一十二隻杭州江岸

一帶五十一隻嘉定州沙頭浦官橋等處一百七十三隻上海浦等處一十九隻常熟白茅港一帶一百七十三隻江陰通州蔡港等處七隻平陽瑞安州飛雲渡等港七十四隻永嘉縣外沙港一十四隻樂清白溪沙璵等處二百四十二隻黄岩州石塘等處一十一隻烈港一帶三十四隻紹興三江陡門三十九隻慈溪定海象山鄞縣桃花等渡大高山堰頭慈嶴等處一百四隻臨海寧海嚴嶴鐵場等港處二十三隻奉化褐峙昌國秀山等嶴一帶二十三隻　皇慶元

年五月海道都府承奉江浙行省劄付為慶紹千戶所得官集衆講究得慶元地居東南既於本處裝訖粮米再入劉家港取齊多有沙險去處若就定海港口放洋經赴直沽交卸實為便益省府照得海運粮儲最為重事浙東慶元紹興路粮斛既已講究定就於定海開洋本府正官理合親臨督併起發仰即便摘委廉幹府官一員速詣彼中點視完備趁時迭風迅開洋毋致失悞具差定官職名起程日期飛申

延祐元年六月慶元紹興千戶范承直呈溫台慶紹

兩浙粮數前來劉家港交割裝粮今歲二月使至匯
上港口多為春運重載相妨踏逐得常熟州白茆港
水深內外堪可灣泊都府行據常熟江陰所申移准
千戶忽林失奉議將帶指淺提領蘇相視得白茆港
合依年例令松江粮船自本港口上壖南至色橋一
帶拋泊却令溫台慶紹兩所粮船於包橋上塘一帶
着泊開洋時分先令本處沿江船隻領艌出港照依
指淺船隻開洋順便　浙西平江路劉家港開洋一
千六百五十三隻浙東慶元路烈港開洋一百四十

七隻支裝粮船淺海皆知險惡其於裝粮江河多有
艱危去處亦不為易今挨問到上江裏河支裝粮斛
遠近里路安危地向如后　上海裝粮海船自平江
路嘉定州劉家港開船經由揚子江逆行使經由各
處沙淺常損粮船平江路常熟州地面甘草等沙水
淺委蘇顯指引江陰州地面淺沙暗焦九處約一百
餘里夏港至君山直開馬馱沙面一帶至彭公山石
牌山浮山巫子門鐵積沙鎮山石頭港雷溝陳溝委
袁源湯璵指引真州泊水灣交裝江西湖廣粮自劉

家港至彼約六百六十五里江東各路自真州以上江西狹窄水勢緊急及蕪湖采石一帶山磯峽險每船一隻小者亦用三五十人登山入水攀緣石木打號儘力一聲方牽一步延祐二年為始申覆省府并提調官劄付各路如遇江狹磯淺湍急去處差倩人夫添力牽運船隻集慶路倉自劉家港至彼約九百四十里至太平路一百八十里共一千一百二十里至寧國路水陽倉三百六十里共一千四百八十里以上三路每歲海船可以抵岸支裝延祐六年四月

二十日據崑山崇明所千户郭奉議申船户駕使海船至黄池蕪湖港口為是各船料大溪河淺澁不敢抵倉約離三五十里移淮寧國路提調官總管宋中大夫等牒差官前去本路河岸及溧水州建平縣地面將應有船隻作急前來短搬外合支水脚錢鈔令船户就便支給本府移牒寧國路添力剥載池州路倉一百八十里共一千六百六十里在前年分本處短剥官粮至太平蕪湖江口交割水程三百五十里

延祐四年奉省劄海船經祗倉門　滿浦裝粮海船

自揚州崇明州三沙黄連沙投西過地名料角等處一帶沙淺連屬千里潮長則海水瀰漫淺深莫測潮落則僅存一溝寸步萬險若船料稍大必致靠損難計里路　浙西裝粮路分皆是船户顧覓河船短則粮斛般上海船今以崑山州太倉聚船去處至九路倉分平江路一百八里無錫州一百九十八里常州路二百八十八里内三倉係在城置立河道淺狹用小料河船逐旋般至城外裝入剥船海鹽州三百四十里湖州路三百一十八里松江府三百六十里海

船至花涇塘灣泊離倉約一十二里小船般剥烏泥
涇四百八十六里海船於黄浦口灣泊離倉約七里
用小船般剥江陰州四百五十里海船於黄田港灣
泊離倉約三里用小船般剥鎮江路六百八十里糙
米倉在香糯倉之北用小車般運約二三里至鱔魚
港壩頭用小船剥上海船香糯倉之南用小車運至
河船約三二里到鱔魚港壩頭用小船剥上海船轉
搨生受　浙東裝粮路分紹興路三江陡門至下盖
山一帶河淺一百餘里名爲鐵板沙必用本路諳知

地勢海船并慶元路小料船隻裝運本路官倉至海船灣泊處三江陡門有小河水程一百八十里顧覓河船短剝台州路長田港沙淺用本路海船支裝官倉至南門外泊船處約離三里腳夫挑擔上船慶元路府港深闊臨近路約一里腳夫挑擔上船

大元海運記卷之下

西使記

西使記

一卷

〔元〕劉郁 撰

明萬曆十二年軍門趙爺刻《歷代小史》本

刻歷代小史序

中丞趙公刻歷代小史委序于不佞不佞授而卒業侍御李公所集也仰而嘆曰

世自洪荒以逮

昭代正史赫赫矣茲編百有餘家讀之亹亹而不厭假令出諸一人之手上下數千載間不尤快乎然首白可期汗青無

[illegible]靡之矣仲尼志在春秋而韋
史之闕文也豈非載筆之難與夫珍裘
以衆腋成温也大夏以群才合構也丘
明立傳廣包諸國所稱周志晉乘鄭書
楚杌聚而會之混成一録子長作記尤
採群書所引世本國語戰國策楚漢春
秋皆當時雅言事無邪辟即兩家號爲

史何常專憑曾國方策之遺止紬石室金匱之藏而不諜諸野哉後若南董之直書不辟强御常從之奪筆無所阿容庶幾哉左馬矣間有異政而胡越相懸叙一時而參商是隔若彼陳壽志三國索米千斛貫綿修晋書誣銀八千鏻也其曲如此其實往往見于它

序

　　礿稗官之談山林澤藪之論淑
以昭勸懲以示懲有足多焉况諸家之
表表者乎學者坐披囊篋而神交者遠
不出戶庭而竊覽者富矣二公嘉惠之
功其在千百世之上千百世之下乎唐
劉子玄作史通言文章與廢時命所關
乃諸家之遇二公奇遘矣又言後之爲

野史者虛加練飾輕事彫彩體或兼乎
賦頌詞有類于俳優譬烏孫造室雜漢
儀耳敢謂茲編之盡無哉此讀小史者
所當知也
萬曆甲申長至日沔陽陳文燭撰

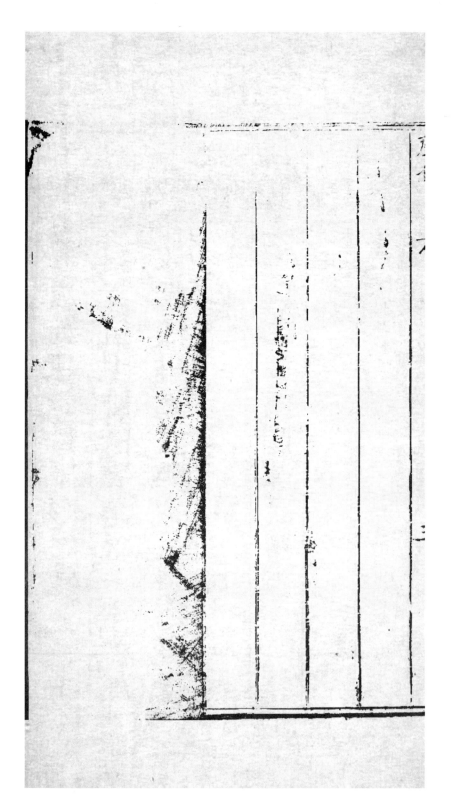

歷代小史目録

浚稽山應邵曰浚稽山在武威塞北匈奴以爲蔽障路

金山隋唐間突厥阿史那氏得古匈奴北部之地居金山之陽

賀蘭山在靈州保静縣山有林木青白望如駿馬北人呼駝馬爲賀蘭

歷代小史卷之六十七

西使記

元劉郁撰

壬子歲皇弟旭烈統諸軍奉詔西征凡六年拓境幾萬里己未正月甲子常德字仁卿馳驛西覲自和林出兀孫中西北行二百餘里地漸高入站經瀚海地極高寒雖暑酷雪不消山石皆松文西南七日過瀚海行三百里地漸下有河闊數里曰昏木輦夏漲以舟楫濟數日過龍骨河復西北行與別失八里南以相直近五百里多漢民有二麥黍穀河西注潴爲海約千餘里曰乞則里八寺多魚可食有碾磑亦以水激之行漸西有城曰業瞞又西南行過孛羅城所種皆麥稻山多柏不能株絡石而長城居肆囿間錯土屋牕

户皆琉璃城北有海鐵山風出往往吹行人墮海中西南行二十里有關曰鐵木兒懺察守關者皆漢民關徑崎嶇似棧道出關至阿里麻里城市井皆流水交貫有諸果唯瓜蒲萄石榴最佳回紇與漢民雜居其俗漸染頗似中國又南有赤木兒城居民多并汾人有獸似虎毛厚金色無文善傷人有蟲如蛛毒中人則煩渴飲水立死惟過醉蒲萄酒吐則解有嗜酒孛羅城迤西金銀銅為錢有文而無孔方至麻阿中以馬牽拖床遞鋪負重而行疾或曰乞里乞四易馬以犬二月二十四日過亦堵兩山間土平民夥溝洫映帶多故壘壞垣問之盖契丹故居也計其地去和林萬五千里而近有河曰亦運流洶洶東注土人云此黃河也二十八日過塔剌寺三月一日過賽藍城有浮圖諸回紇祈拜之所三日過別石

蘭諸回紇貿易如上巳節四日過忽章河渡船如弓鞋然土人云河源出南大山地多產玉疑爲崑崙山以西多龜蛇行相雜郵亭客舍甃如谷室門户皆以琉璃飾之民賦歲止輸金錢十文然貧富有差八日過檮思干城大而民繁時群花正開唯梨花薔薇玫瑰如中國餘多不能名城之西所植皆蒲萄粳稻有麥亦秋種滿地產藥十數種皆中國所無藥物療疾甚效曰阿只兒狀如苦參治馬鼠瘡婦人損胎及打撲內損用豆許嚥之自消曰阿息兒狀如地骨皮治婦人產後衣不下又治金瘡膿不出嚼碎傅瘡上即出曰奴哥撒兒形似桔梗治金瘡及腸與筋斷者嚼碎傅之自續餘不能盡錄十四日過暗不河夏不雨秋則雨溉田以水地多蝗有鳥飛食之十九日過里丑城其地有桑棗征西奧魯屯駐于此

二十六日過馬蘭城又過納商城草皆苜蓿藩籬以栢二十九日過殢埽兒城滿山皆鹽如水晶狀近西南六七里新得國曰木乃奚牛皆駝峯黑色地無水土人隔山嶺鑿井相沿數十里下通流以溉田所屬山城三百六十已而皆下惟擔寒西一山城名乞都不孤峯峻絕不能矢石丙辰年王師至城下城絕高險仰視之帽爲墜諸道竝進敵大驚令相大者納失兒來納款已而兀魯兀乃算灘出降算灘猶國王也其父領兵別據山城令其子取之七日而陷金玉寶物甚多一帶有直銀千笏者其國兵皆刺客俗見男子勇壯者以利誘之令手刃父兄然後充兵醉酒扶入窟室娛以音樂美女縱其欲數日復置故處既醒問其所見教之能爲刺客死則享福如此因授以經呪日誦蓋使盡其心志死無悔也令潛

使禾服之國必刺其主而後已雖婦人亦然其木乃奚在西域中最爲兇悍威脅鄰國覇四十餘年王師既克誅之無遺類四月六日過訖立兒城所産蛇皆四跗長五尺餘首黑身黄皮如鯊魚口吐紫艷過阿剌丁城禡咱答兒人被髮率以紅帕勒首衣青如鬼然王師自入西域降者幾三十國有佛國名乞石迷西在印毒西北蓋傳釋迦氏衣鉢者其人儀狀甚古如世所繪達摩像不茹葷酒日啖粳一合所談皆佛法禪定至暮方語丁巳歲取報達國南北二千里其王曰合法里其城有東西城中有大河西城無壁壘東城固之以甓繪其上甚盛王師至城下一交戰破勝兵四十餘萬西城陷皆盡屠其民尋圍東城六日而破死者以數十萬合里法以舸走獲焉其國俗富庶爲西域冠宮殿皆以沉檀烏木降真

爲之壁皆以黑白玉爲之金珠珍貝不可勝計其妃后皆漢人所産大珠曰太歲彈蘭石瑟瑟金剛鑽之類帶有直千金者其國六百餘年傳四十主至合法里而亡人物頎秀於諸國所産馬名脫必察合法里不悅以橙漿和糖爲飲琵琶三十六絃初合法里患頭痛醫不能治一伶人作新琵琶七十二絃聽之立解土人相傳報達諸胡之祖故諸胡皆臣服報達之西馬行二十日有天房內有天使神胡之祖葬所也師名癖顙八兒房中懸鐵絙以手捫之心誠可及不誠者竟不得捫經文甚多皆癖顙八兒所作轄大城數十其民富實西有密乞兒國尤富地産金人夜視有光處誌之以灰翼日發之有大如棗者至報達六千餘里國西即海海西有富浪國婦人衣冠如世所畫菩薩狀男子胡服皆善寢不去衣雖

夫婦亦異處有大鳥駝蹄蒼色鼓翅而行高丈餘食火其如升許其失羅子國出珍珠其王名換思阿塔卑云西南海也採珠盛以革囊止露兩手腰絙石墜入海手取蚌并泥沙貯于囊中遇惡蟲以醋噀之即去既得蚌滿囊撼絙舟人引出之往往有死者印毒國去中國最近軍民一千二百萬户所出細藥大胡桃珠寶烏木雞舌賓鐵諸物國中懸大鐘有訴者擊之司鐘者紀其事及時王官亦紀其名以防姦欺民居以蒲爲屋夏大熱人處水中己未年七月兀林國阿早丁算灘來降城大小一百二十民一百七十萬山産銀黑契丹國名乞里彎王名忽教馬丁算灘聞王大賢亦來降其抜里寺大城獅子雄者鬃尾如纓拂傷人吼則聲從腹中出馬聞之怖溺血狼有鬃孔雀如中國畫者惟尾在翅内每日中振

羽子倖　豹糞溺皆香如麝鸚䳇多五色風駝急使乘日可千
里鶺鴒傳日亦千里珊瑚出西南海取以鐵網高有至三尺者蘭
赤生西南海山石中有五色鴨思價最高金剛鑽出印毒以肉投
大澗底飛鳥食其肉糞中得之撒八兒出西海中蓋蝳瑁之遺精
蛟魚食之吐出年深結成價如金其假者即犀牛糞爲之也骨篤
犀大蛇之角也解諸毒龍種馬出西海中有鱗角牝馬有駒不敢
同牧被引入海不復出皁鵰一産三卵內一卵生犬灰色而毛短
隨毋影而走所逐禽無不獲者壠種羊出西海以羊臍種土中溉
以水聞雷而生臍系地中及長驚以木臍斷便行嚙草至秋可食
臍內復有種又一胡婦解馬語即知吉凶甚驗其怪異等事不可
殫紀往返凡一十四月郁曰西域之開始自張騫其土地山川固

在也然世代浸遠國號變易事亦難考今之所謂瀚海者即古金山也印毒即漢身毒也曰駝鳥者即安息所產大馬爵也密昔兒即唐拂菻地也觀其土產風俗可知已又新唐書載拂菻去京師四萬里在西海上所産珍異之物與今日地里正同蓋無疑也